BEI GRIN MACHT SICH IHR WISSEN BEZAHLT

- Wir veröffentlichen Ihre Hausarbeit,
  Bachelor- und Masterarbeit

- Ihr eigenes eBook und Buch -
  weltweit in allen wichtigen Shops

- Verdienen Sie an jedem Verkauf

Jetzt bei www.GRIN.com hochladen
und kostenlos publizieren

Christine Schmalzried

Kirchenkritik im Schelmenroman "Lazarillo de Tormes" im Vergleich zur Lehre von Erasmus von Rotterdam

GRIN Verlag

Bibliografische Information der Deutschen Nationalbibliothek:

Die Deutsche Bibliothek verzeichnet diese Publikation in der Deutschen National-bibliografie; detaillierte bibliografische Daten sind im Internet über http://dnb.d-nb.de/ abrufbar.

Impressum:

Copyright © 2013 GRIN Verlag GmbH
Druck und Bindung: Books on Demand GmbH, Norderstedt Germany
ISBN: 978-3-656-73774-2

Dieses Buch bei GRIN:

http://www.grin.com/de/e-book/279925/kirchenkritik-im-schelmenroman-lazarillo-de-tormes-im-vergleich-zur-lehre

GRIN - Your knowledge has value

Der GRIN Verlag publiziert seit 1998 wissenschaftliche Arbeiten von Studenten, Hochschullehrern und anderen Akademikern als eBook und gedrucktes Buch. Die Verlagswebsite www.grin.com ist die ideale Plattform zur Veröffentlichung von Hausarbeiten, Abschlussarbeiten, wissenschaftlichen Aufsätzen, Dissertationen und Fachbüchern.

Besuchen Sie uns im Internet:

http://www.grin.com/

http://www.facebook.com/grincom

http://www.twitter.com/grin_com

Eberhard–Karls–Universität Tübingen
Romanisches Seminar
Wintersemester 2012/2013
Proseminar II: Roman und Gesellschaft
Thema der Hausarbeit:

Kirchenkritik im Schelmenroman "Lazarillo de Tormes" im Vergleich zu der Lehre von Erasmus von Rotterdam

Quelle: http://www.spainthenandnow.com/userimage 1

Christine Schmalzried
3. Semester
B.A. Spanisch & Portugiesisch

Inhaltsverzeichnis

1. Einleitung

Die vorliegende Arbeit ist Gegenstand der Untersuchung von Ähnlichkeiten und Unterschiede zwischen dem Schelmenroman „Lazarillo de Tormes" und den Lehren von Erasmus von Rotterdam.

Anhand von drei ausgesuchten Figuren, denen Lazarillo auf seinem Lebensweg begegnet, gilt es zu klären, inwiefern sich der Autor des „Lazarillo de Tormes" von Erasmus von Rotterdam in seiner Kritik am Klerus unterscheidet.

Zunächst soll die Person Erasmus von Rotterdam den Grundstein für diese Arbeit legen, sowie darauffolgend der historische Hintergrund zur Zeit der Entstehung des Schelmenromans. Dieser wird sich aus der Zeit von 1492 bis Carlos I. und der Inquisition in Spanien zusammensetzen. Fortführend eine kurze Zusammenfassung zum Werk „Lazarillo de Tormes" und die darin enthaltene Kritik am Klerus.

Im Fokus steht der Vergleich der Primärtexte „Lazarillo de Tormes" und „Enchiridion militis christiani", sowie „Moriae Encomium" in dem als erster Schritt die Ähnlichkeiten und **als zweiter Schritt die Unterschiede der Kritik an der Kirche gezeigt werden.**

2. Erasmus von Rotterdam
a) Person

Erasmus Desiderius von Rotterdam wurde am 27. Oktober 1466 oder 1469 in Rotterdam als uneheliches Kind geboren. Er war Autor vieler Bücher, Theologe, Philologe und Philosoph. Der niederländische Gelehrte des europäischen Humanismus starb am 12. Juli 1536 in Basel, Schweiz.

Ab 1478 besuchte er eine Lateinschule, 14 Jahre später wurde er zum Priester geweiht. Erasmus reiste viel zwischen den Niederlanden, England und Frankreich und lernte so unter anderem Thomas Morus und den zukünftigen Heinrich VIII. kennen.

1509 ging er nach Italien, wo er in Venedig einen Verleger kennenlernte, welcher einige seiner Werke druckte. Seit dem Jahre 1516 stand Erasmus von Rotterdam dem spanischen König Carlos I. bzw. Kaiser Karl V. als Ratgeber zur Seite. Ab 1519 pflegte er Briefkontakt zu Martin Luther, zu dem er in den ersten Reformationsjahren als Verbündeter galt. Doch wollte Erasmus die Kirche von innen reformieren und so eine weitere Abspaltung unterbinden. In diesem Zusammenhang entstand sein Werk „De libero arbitrio", welches 1524 erschien. Erasmus spricht darin über den freien Willen des Menschen, da Martin Luther der Anschauung war, dass der Mensch allein auf göttliche Gnade angewiesen sei und nicht frei entscheiden könne.

Auch propagierte Erasmus von Rotterdam die inneren Werte des Glaubens und stand somit auf dem Index. Es sollte nicht mehr auf den äußeren Glauben so sehr geschaut werden, sondern auf den Inneren, dass der Christ sich bewusst sein soll, inwieweit er gottgefällig lebt und sich selbst verantwortlich fühlt auf religiösem Wege. Zusammenfassend soll die Selbstverantwortung der Christen gegenüber der kirchlichen Verantwortung gestärkt werden. Erasmus von Rotterdam ist innerhalb der katholischen Kirche geblieben.

Im Jahre 1535 kehrte Erasmus nach Basel zurück, um fort wenig später seine letzte Ruhe zu finden.

b) Sein Einfluss auf den Autor des „Lazarillo de Tormes"

Bis heute weiß man noch immer nicht, wer der Autor des „Lazarillo de Tormes" ist. Breite Annahme besteht darin, dass er wohl ein *converso*[1] war, auch wird vermutet, dass er ein Erasmist war[2]. Es hegt sich der Verdacht, dass der Sekretär von Carlos I., Alfonso de Valdés (1490-1532), der Verfasser des „Lazarillo de Tormes" sein könnte, da er in Briefkontakt zu Erasmus von Rotterdam stand und auch das Oberhaupt der Erasmisten in Spanien war[3]. Doch wird auch Juan Luis Vives (1492-1540), ein wichtiger spanischer Humanist, als potenzieller Lazarilloautor angesehen. Er war ein Freund von Thomas Morus und Erasmus und verließ schon 1509 Spanien, um so von der Inquisition verschont zu bleiben[4].

Die Schriften von Erasmus von Rotterdam waren in Spanien, wie in keinem anderen Land, sehr beliebt. Vor allem die *conversos* setzten ihre Hoffnung auf die Reformen des inneren Glaubens, um so in der Gesellschaft aufgenommen zu werden[5].

Sicher kann man sagen, dass der Autor Erasmus Lehren kannte und sicherlich vertrat, da Parallelen im „Lazarillo de Tormes" aufzuweisen sind.

---

[1] Die fremdsprachigen Bezeichnungen sollen der besseren Veranschaulichung dienen. Sie werden im Folgenden in Form von Kursivschrift hervorgehoben.
[2] Rötzer, H., *Der europäische Schelmenroman*, Stuttgart 2009, S. 15
[3] Navarro Duran, R., *Alfonso de Valdés, Autor del Lazarillo de Tormes*, Madrid 2003
[4] De Calero, F., *Juan Luis Vives, autor del „Lazarillo de Tormes"*, Valencia 2006
[5] Rötzer, *Der europäische Schelmenroman*, S. 34-35

3.   Das 16. Jahrhundert in Spanien

Nachdem 1492 die Stadt Granada erobert wurde und so die Reconquista ihren Abschluss fand, lebten 3 Glaubensgemeinschaften *(convivencia)* neben – und untereinander. Die Konfessionen hatten ihre beruflichen Bereiche, die man in Händler und Finanzverwalter (Juden), Herrscher (Christen) und Handwerker (Mauren) untergliedert.

Durch die Bestrebung einen homogenen Staat zu errichten, kam es zur Vertreibung der Juden. Die *conversos* erkannten ihre Chance wieder in ihre alten Berufe zurückzukehren und schafften sich damit einen wirtschaftlichen Vorteil, doch wurden auch die überzeugten Konvertiten nicht als spanische Staatsbürger anerkannt.

Vierzig Jahre lang war Carlos I. König von Spanien, doch hielt er sich nur sieben Jahre im besagten Land auf, da in Deutschland die Reformation bekämpft werden musste und Krieg gegen die Osman zu führen war, die schon vor den Toren Wiens standen.

Zu dieser Zeit wurde die Ideenlehre von Erasmus in Spanien gut angenommen und seine Schriften wurden in die spanische Sprache übersetzt. Die Offenheit des Humanismus lässt den Verdacht aufkommen, dass einige Autoren *conversos* waren. Die Kirche und der spanische Staat gingen gegen spanische Erasmisten vor, da sie eine Verbindungen zwischen diesen und den sogenannten Neuchristen vermuteten, laut Hans Gerd Rötzer lagen sie damit auch richtig[6].

Die Aufgabe der Inquisition war es das religiöse Leben zu überwachen und die Zensur auszuführen. Im Jahre 1558 durften durch eine Verordnung König Philipps II. nur noch Bücher gedruckt werden, welche eine Genehmigung durch die staatliche Zensur erhalten hatten. Der hierfür genannte Grund war, dass viele Bücher dem Katholizismus schadeten. Bei „Lazarillo de Tormes" funktionierte diese Verordnung nicht in dem Maße, wie sie sollte. Der Roman erfuhr eine „verbesserte Auflage", zum Beispiel wurden das vierte und fünfte Kapitel gestrichen. Diese Version blieb bis in das 19. Jahrhundert die offizielle Version, der sogenannte „Lazarillo de Tormes castigado"[7].

---

[6] Rötzer, *Der europäische Schelmenroman*, S.35
[7] Rötzer, *Der europäische Schelmenroman*, S.23-24

4. Lazarillo de Tormes

a) Inhalt

Der Schelmenroman „Lazarillo de Tormes" erschien 1554 in drei Ausgaben. Der Text bietet die Lebensgeschichte des Lázaro de Tormes in Ichform. Zur Zeit der Abfassung ist Lázaro erwachsen, er bekleidet das Amt eines Ausrufers (Pregonero) in Toledo. Die Lebensgeschichte beginnt mit seiner Herkunft. Seine Eltern sind aus der Unterschicht. Er wird in der Flussmühle seines Vaters geboren, am Fluss Tormes bei Salamanca. Der Vater, ein Müller, wurde wegen Diebstahls verurteilt. Die Mutter lässt sich mit einem Afrikaner, dem Knecht eines Adligen ein, dieser wird auch wegen des Diebstahls überführt. Da die Mutter Probleme hat Lazarillo und seinen Halbbruder durchzubringen, gibt sie Lázaro seinem ersten Herren, einem Blinden. Lázaro wir zu einem mozo de ciego.

Durch eine List schafft es der junge Lázaro seinem blinden Herrn zu entkommen und gerät so zum Geistlichen de Maqueda, bei dem es ihm noch schlechter als vorher ergeht: „Escapé del trueno y di en el relámpago, porque era el ciego para con éste un Alejandre Magno, con ser la mesma avaricia, como he contado"[8]. Von diesem entlassen kommt Lazarillo zu einem Escudero, dem Schein wichtiger als Sein ist und noch nicht einmal sich selbst ernähren kann. In den Kapiteln vier, fünf und sechs erzählt Lazarillo von seinem Aufstieg in die Gesellschaft, wie er seine erste paar Schuhe geschenkt bekommen hat und sich zum ersten Mal vernünftige Kleidung leisten kann, durch bezahlte Arbeit.

Im letzten Kapitel kommt der Icherzähler darauf zu sprechen, weswegen er diesen Brief über sein Leben verfasste. Auch kommt er nochmals auf seinen beruflichen Werdegang zu sprechen, zum Ausrufer von Toledo und wie der Erzpriester de San Salvador ihm seine Ehefrau verschaffte, welche des Priesters Bedienstete war. Da sie es weiterhin blieb, kam es zum Gerücht, dass Lázaros Frau die Geliebte des Erzpriesters sei, obwohl diese Jahre die schönsten in seinem Leben waren. Man erfährt, dass er während seinen Bestrebungen sozial aufzusteigen, um an Anerkennung zu gewinnen, dabei seine Ehre verlor „ – Señor – le dije -, yo determiné de arrirmarme a los buenos"[9].

---

[8] Rico, Francisco (Hg.), *Lazarillo de Tormes*, Madrid²¹ 2010, S.47
[9] Rico, Francisco (Hg.), *Lazarillo de Tormes*, S.133

b) Kritik am Klerus

Zur Kritik am Klerus habe ich mir drei Figuren im „Lazarillo de Tormes" ausgesucht, um dies anhand von Beispielen aufzuzeigen.

Beginnend mit dem zweiten Kapitel, in dem Lazarillo Diener beim *Clérigo de Maqueda* ist. Dieser Herr ist besonders geizig und somit schlimmer als der Blinde, so dass Lázaro noch mehr hungerleiden und noch einfallsreicher werden muss, um an das Brot zu kommen, dass der Geistliche in einer Truhe aufbewahrt. „Él tenía un arcaz viejo y cerrado con su llave, la cual traía atada con agujeta del paletoque. Y en viniendo el bodigo de la iglesia, por su mano era luego allí lanzado y tornado a cerrar el arca"[10]. Auch ist er ein Lügner „[...] y cuando le pedía la llave para ir por ella, si alguno estaba presente, echaba mano al falsopecto y con gran continencia la desataba y me la daba, diciendo: - Toma y vuélvela luego y no hagáis sino golosinar"[11].

Die Kritik die sich hier zeigt, ist an die Kirche gerichtet. Es wird das fehlende Mitgefühl und Gutmütigkeit der Geistlichen in den Kirchen kritisiert. Der Geistliche schlägt sich wortwörtlich den Bauch voll, während Lazarillo vor Hunger fast um kommt.

„Los sábados cómense en esta tierra cabezas de carnero, y enviábame por una, que costaba tres maravedís. Aquélla le cocía, y comía los ojos y la lengua y el cogote y sesos y la carne que en las quijadas tenía, y dábame todos los huesos roídos. Y dábamelos en el plato, diciendo: - Toma, come, triunfa, que pra ti es el mundo. Mejor vida tienes que el Papa"[12].

Dies zeigt auf, dass von keiner Seite Güte innerhalb der Kirche zu erwarten sei. Der *Clérigo* ist somit nicht nur geizig, lieblos und nicht im Besitz von Nächstenliebe, sondern er benutzt dazu noch das Messopfer als Einnahmequelle und hält sich nicht an das Gebot von Fleischgenuss.

„Kritische Instanz des Verfassers ist ganz offenkundig die christliche Morallehre. Tugendhaftes menschliches Verhalten hat gewissen Postulaten zu genügen. Ein zentrales Postulat christlicher Tugendlehre ist die Forderung nach aktiver „caritas"; gerade Geistliche sollten sie erfüllen. Der Pfarrer von Maqueda, dies ist der Hauptvorwurf gegen ihn (und die Geistlichkeit überhaupt), erfüllt sie nicht. Im Gegenteil: er gibt sich den falschen Anschein exemplarischen Lebens, gönnt sich

---

[10] Rico, Francisco (Hg.), *Lazarillo de Tormes,* ,S. 47-48
[11] Rico Francisco (Hg.), *Lazarillo de Tormes,* S.48
[12] Rico Francisco (Hg.), *Lazarillo de Tormes,* S.50

selbst jedoch weit mehr, als er dem hungernden Lázaro verweigert:" Pues ya que comigo tenía poca caridad, consigo usaba más" "[13].

Im fünften Kapitel ist Lazarillo im Dienst eines *Buldero,* eines Ablassverkäufers. Dieser repräsentiert die unechte Religiosität. Der Ablasshändler ist der durchtriebenste Herr, den Lazarillo erlebt. Dieser verkaufte seine Bullen durch Betrug ausschließlich, um sich daran zu bereichern. Seine Durchtriebenheit war so ausgeprägt, dass er seinen potenziellen Opfern sogar den Tod vorspielte, um sie so an die Wunder glauben zu lassen, dass er die Wahrheit spricht. Daraufhin verließ Lázaro den *Buldero.*

Dieses Kapitel ist eine weitere Kritik an der Kirche. Zu dieser Zeit verkauften Ablasshändler Bullen, um so den Krieg gegen die Osmanen zu finanzieren. Diese besagten Ablassbriefe, gaben dem Besitzer die Nachsicht vor dem Fegefeuer. Es wird nicht nur der Stand der Kleriker kritisiert, sondern auch die Menschen, die darin mitwirkten. Diese konnten mit der Kirche zu tun haben oder auch mit dem Staat.

Das letzte Kapitel handelt von Lazarillo und seinem neunten und letzten Herrn, dem *Arcipreste de San Salvador.* Dieser Herr ist derjenige, der Lázaro eine Ehefrau besorgt. Als er diese heiratet, kommt es in seinem Leben zu einer gewissen Stabilität. Der Erzpriester repräsentiert hier die Korruption im Klerus, da in diesem Kapitel eine Beziehung zwischen Lazarillos Ehefrau und dem Erzpriester angesprochen wird.

„Schamloses ausnutzen religiöser Gutgläubigkeit, klerikaler Amtsmissbrauch und der Kampf um ständische Privilegien und Ämterbeherrschen die Szene"[14].

„Weitaus die Mehrzahl von Lazarillos Dienstherren gehört dem geistlichen Stand an. Sie verkörpern ausnahmslos die Fehler eines veräußerlichten Christentums, gegen das die Erasmisten sich wehrten. Nicht Lazarillo ist der „Delinquent", sondern seine Dienstherren. Aber er lässt sich an keiner Stelle zu einem Urteil verleiten"[15].

---

[13]Wentzlaff-Eggebert, H., *Der spanische Roman: vom Mittelalter bis zur Gegenwart,* Stuttgart[2] 1995, S.43
[14]Rötzer, H., *Der europäische Schelmenroman,* S.17
[15]Rötzer, H., *Der europäische Schelmenroman,* S.19

5. Vergleich der Texte

a) Ähnlichkeiten

Der Schelmenroman „Lazarillo de Tormes" ist während der Blütezeit der Ideenlehre des Erasmus in Spanien entstanden, dies lässt vermuten, dass der Autor von den Ideen von Erasmus inspiriert war, als er seinen Schelmenroman verfasste.

Fünf Herren von den neun, denen Lazarillo diente, gehörten der Kirche an. Diese stellt der Autor als betrügerisch und geizig dar, so ist die kritische Einstellung der Kirche gegenüber offensichtlich, welche auch der des Erasmus von Rotterdam entspricht. In „Lob der Torheit" weist Erasmus auf die Aufgaben der Kirche hin, welche Arbeit, Aufsicht und Sorge seien und dass der Klerus dies vergessen hätte.

Der Ablassprediger, welcher die unechte Religiosität repräsentiert, ist die Zielscheibe für den Aberglauben. Im Handbüchlein von Erasmus wird auch dieses Thema angesprochen,

> „[…]daß durch ihre Vernachlässigung oder Unkenntnis die meisten Christen, anstatt fromm zu sein, abergläubisch sind und außer dem Namen eines Christen so gut wie nichts haben, was sie vom Aberglauben de Heiden trennt"[16].

Doch prangert Erasmus weiter vorne in seinem Werk das Ausüben eines betrügerischen Berufs an. Es sei gut einen Beruf zu haben, wenn dieser ohne Betrug geschehe[17].

Klar kristallisiert sich die Haltung des Autors der „Lazarillo de Tormes" heraus. Er hat nicht nur eine kritische Haltung dem Klerus und den kirchlichen Institutionen bzw. korrupten Klerikern gegenüber, sondern auch dem Aberglauben, der Anbetung heiliger Reliquien, als auch der Verehrung von Heiligen. Diese Punkte stimmen regelrecht mit den Kritikpunkten von Erasmus von Rotterdam ein.

Doch weisen beide Autoren auch Ähnlichkeiten in ihrem Schreibstil auf. Erasmus, als auch der anonyme Autor bedienen sich des Stilmittels der Hyperbel – sie verwenden Vergleiche im übertriebenen Maße „[…] porque era el ciego para con éste un Aejandre Magno […]"[18]. Aber auch der burleske Stil in den der Lazarillo geschrieben wurde ähnelt dem des Erasmus[19].

---

[16]Von Rotterdam, E., "Enchiridion militis christiani/Handbüchlein eines christlichen Streiters", in: Ders.: *Ausgewählte Schriften, Bd. 1*, hg. V. Werner Welzig, Darmstadt 1968, S.181-183
[17]Von Rotterdam, E., "Enchiridion militis christiani/Handbüchlein eines christlichen Streiters", in: *Ders.: Ausgewählte Schriften, Bd. 1*, S. 175-177
[18]Rico Francisco (Hg.), *Lazarillo de Tormes*, S.47
[19] Truman, R. W., Lazarillo de Tormes', Petrarch's ´De remediis adversae fortunae', and Erasmus's Praise of folly", in: *Bulletin of Hispanic studies, Nr. 1/Bd. 52*, S.33-53

b) Unterschiede

Im Handbüchlein eines christlichen Streiters kritisiert Erasmus von Rotterdam extrem den geheuchelten Glauben, also den Äußeren. Er spricht die Probleme direkt an und packt sie an der Wurzel. Er appelliert an den inneren Glauben, dass dieser das Wichtigere sei – Sein und nicht Schein. „In der Öffentlichkeit bist du ein Christ, insgeheim bist du heidnischer als ein Heide"[20]. Auch spricht er an, wie Unnütz das körperliche ist und dass man sich nach seinem geistigen Heil sorgen muss, denn wenn der Körper so wichtig wäre, dann wäre Jesu Christi im Fleische nicht von uns gegangen[21].

Die Unterschiede zwischen Erasmus und dem Autor des „Lazarillo de Tormes" sind somit klar. Erasmus von Rotterdam kritisierte klar und deutlich und versteckte sich nicht. Der Autor des Schelmenromans dagegen, nutzte eine Figur aus ärmlichen Verhältnissen und ohne Bildung, um seine Kritik anhand von Figuren, denen sein Protagonist im Laufe seines Lebens dient, Ausdruck zu verleihen. Er setzt sich eine Maske auf und kann so seiner Kritik ohne Konsequenzen für sich selbst freien Lauf lassen.

6. Schlusswort

Die dargelegte Untersuchung zeigt auf, dass die Unterschiede der Kritik nur in ihrem Stil liegen, aber die Kritikpunkte dieselben sind.

Der Einfluss von Erasmus von Rotterdam auf den Autor des „Lazarillo de Tormes" spricht dafür, da zur Zeit der Entstehung seine Ideenlehre in Spanien breite Akzeptanz fand. Auch dass der „Lazarillo de Tormes" auf dem Index stand spricht dafür, dass beide Autoren Ähnlichkeiten aufweisen, da auch Erasmus' Werken dasselbe Schicksal widerfuhr, wegen der kritischen Haltung der katholischen Kirche gegenüber.

Die größte Gemeinsamkeit, die beide Texte aufweisen, ist die Art und Weise wie die Kritik dargestellt wird. Beide Autoren verfassten ihre Kritik auf eine zynische Art, um den Leser zu unterhalten, während sie die menschlichen Laster beschrieben.

Somit kann man schlussfolgern, dass der Autor des „Lazarillo de Tormes" ein Gleichgesinnter des Erasmus von Rotterdam war.

---

[20]Von Rotterdam, E., "Enchiridion militis christiani/Handbüchlein eines christlichen Streiters", in: *Ders.: Ausgewählte Schriften, Bd. 1*, S. 201
[21]Von Rotterdam, E., "Enchiridion militis christiani/Handbüchlein eines christlichen Streiters", in: *Ders.: Ausgewählte Schriften, Bd. 1*, S. 207

7. Literaturverzeichnis

Rico, Francisco (Hg.), *Lazarillo de Tormes,* Madrid[21] 2010

Von Rotterdam, E., "Enchiridion militis christiani/Handbüchlein eines christlichen Streiters", in: Ders.: *Ausgewählte Schriften, Bd. 1*, hg. V. Werner Welzig, Darmstadt 1968, S.148-151 u. 168-207

Wilson, J. (Hg.), *Desiderius Erasmus The Praise of Folly,* Kindle Version 1668

Wentzlaff-Eggebert, H., *Der spanische Roman: vom Mittelalter bis zur Gegenwart,* Stuttgart[2] 1995

Rötzer, H., *Der europäische Schelmenroman,* Stuttgart 2009

Neuschäfer, H-J., *Spanische Literaturgeschichte,* Stuttgart Weimar[4] 2011

Bernecker, W., *Geschichte Spaniens,* Stuttgart 1993

Zwahr, A. (Hg.), *Brockhaus Enzyklopädie,* Leipzig Mannheim[21] 2006

Internet

http://www.wissen.de/lexikon/erasmus-von-rotterdam
http://de.wikipedia.org/wiki/Erasmus_von_Rotterdam